아홉 살에 처음 만나는
유관순

사진 제공 |
39p 영명학교, **영명고등학교** | 40p, 41p 이화학당, **이화역사관** | 54p, 55p 김란사, **한국여성연구소** | 66p 민족대표33인기록화, **민족대표33인유족회**
101p 일제감시대상인물카드, **국사편찬위원회** | 122p 표준영정, 127p 명예졸업장, **천안시유관순열사기념관**
56p 잔 다르크, 58p 나이팅게일, 106p 서대문형무소, **셔터스톡**

그 외 저작권자를 찾지 못한 일부 사진은 저작권자가 확인되는 대로 게재 허락을 받고 통상적 기준에 따라 사용료를 지불하도록 하겠습니다.

아홉 살에 처음 만나는
유관순

| 초판 1쇄 인쇄일 | 2019년 2월 14일 | 초판 1쇄 발행일 | 2019년 2월 20일
| 초판 2쇄 인쇄일 | 2019년 6월 04일 | 초판 2쇄 발행일 | 2019년 6월 10일

지은이 | 손상민
일러스트 | 허다경
펴낸이 | 강창용
기획편집 | 이윤희
디 자 인 | 가혜순
책임영업 | 최대현

펴낸곳 | 하늘을 나는 코끼리
출판등록 | 1998년 5월 16일 제10-1588
주 소 | 경기도 고양시 일산동구 중앙로 1233 (현대타운빌) 1210호
전 화 | (代)031-932-7474
팩 스 | 031-932-5962
이메일 | feelbooks@naver.com
포스트 | http://post.naver.com/feelbooksplus

ISBN 979-11-6195-080-8   73810

* 책값은 뒤표지에 있습니다.   * 잘못된 책은 구입처에서 교환해 드립니다.

이 도서의 국립중앙도서관 출판예정도서목록(CIP)은 서지정보유통지원시스템 홈페이지(http://seoji.nl.go.kr)와 국가자료종합목록시스템(http://www.nl.go.kr/kolisnet)에서 이용하실 수 있습니다. (CIP제어번호 : CIP2019004793)

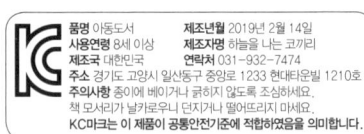

 하늘을 나는 코끼리는 느낌있는책의 어린이책 브랜드입니다.

아홉 살에 처음 만나는
유관순

손상민 글 | 허다경 그림

책을 펴내며

여러분은 자유를 빼앗기는 일을 상상해 본 적이 있나요?

늘 누군가의 감시를 받으며 마음껏 말할 수도 행동할 수도 없다면, 어떤 기분이 들까요? 지금은 상상도 하기 힘든 일이지만, 나라를 빼앗겨 자유가 없던 때가 있었어요. 바로 일본의 지배를 받던, 일제강점기가 그랬어요.

1919년 3월 1일에 일어난 3.1만세운동은 자유를 뺏은 일제에 저항해 전 국민적으로 일어난 평화 시위였어요. 유관순은 바로 3.1만세운동의 대표적인 독립운동가입니다.

유관순은 개구쟁이 어린 시절을 보냈어요. 노는 것도 1등, 지기 싫어하는 것도 1등이었지요. 그런 유관순이 독립운동가가

된 데에는 많은 분의 도움이 있었어요. 아버지, 어머니, 오빠 등이 독립운동가였고 유관순에게 많은 것을 알려준 선생님들도 있었어요. 유관순의 주변에는 나라를 걱정하고 생각을 실천하는 사람들이 많았고 그래서 유관순이 성숙하고 깊은 생각을 하게 되었는지도 몰라요.

무섭고 두려운 상황이 오면 누구나 움츠러들거나 포기하고 싶어요. 그리고 옳다고 생각한 일조차 말하기 어려워지죠. 하지만 유관순은 어린 나이에도 두려움을 이겨내고 용기 있게 '만세'를 외치다 감옥에서 돌아가셨어요. 온몸과 마음을 조국의 독립을 위해 바친 것이죠.

유관순이 죽음을 무릅쓰고 지키려 했던 것은 무엇일까요?

바로 우리나라의 독립과 자유였습니다. 유관순의 이야기를 읽으며 우리가 누리는 자유가 결코 쉽게 얻어진 것이 아니란 사실을 떠올려 보고 진정한 용기에 대해서도 생각해 보아요.

차례

책을 펴내며 ··· 4

불타는 교회 ··· 9

장난꾸러기 대장 관순이 ··· 19

꿈에 그리던 이화학당에 ··· 28

조선의 잔 다르크가 되리라 ··· 42

"만세! 만세! 대한 독립 만세!" ··· 59

봉화를 올려라 … 70

사랑하는 이들을 가슴에 묻고 … 83

몸은 갇혔어도 정신만은 나의 것 … 94

다시 한번 만세를 부르자 … 107

대한 독립의 불씨가 되어 … 115

유관순의 생애 … 126

불타는 교회

"불이야! 불이야!"

"우석 아버지, 불이래요. 불!"

"순사들이 기어이 교회에 불을 지른 모양이군."

아버지, 어머니의 말소리에 단잠에 빠졌던 여섯 살 관순이도 눈을 떴습니다. 오빠 우석도 일어나 부모님의 표정을 걱정하며 살피고 있었어요. 아버지는 서둘러 나갈 준비를 했습니다.

"교회로 가시게요? 순사들이 있을 텐데 가서 어쩌시려고요?"

"잘못한 게 없는데 뭐 어쩌기야 하겠소."

"조심하셔야 해요. 의병(나라의 명령이 아닌 백성들 스스로 만든 군대)을 잡으려고 **순사***들이 많이 나와 있잖아요. 괜히 누명을 쓰실 수도 있고요."

어머니는 사립문을 나서는 아버지의 뒷모습을 계속 바라보셨습니다. 우석과 관순은 교회가 불타는 모습을 멍하니 쳐다보고 있었어요.

교회는 동네 아이들이 하루에도 몇 번씩 가는 곳이었습니다. 아이들에게 교회는 뒤돌아서도 또 가고 싶은 공부방이자 놀이터였거든요. 그런 교회가 불에 활활 타고 있었습니다.

"악! 사람 살려요!"

총성과 함께 비명이 들려 왔습니다. 아버지가 걱정되어 더는 가만히 있을 수 없었던 어머니도 집을 나섰습니다.

---

* **순사** : 일제강점기 때 가장 낮은 계급의 경찰관이에요.

"우석아, 동생들 데리고 집에 꼭 있도록 해. 혹시 누가 오는 것 같으면 곧장 방으로 들어가 문고리를 걸어라. 알았지?"

어머니는 우석에게 단단히 이른 후 아버지를 따라 교회로 향했습니다.

관순이 태어난 1902년은 힘 있는 나라들이 조선을 차지하기 위해 기회를 엿보던 때였습니다. 관순이 세 살이 되던 해에는 러시아와 일본이 전쟁을 일으켰고, 일본이 승리하자 일본은 자신들이 조선을 가질 권리가 있다고 주장했어요. 그 전쟁이 일어난 다음 해 11월, 조선은 총칼로 위협하는 일본에게 강제로 외교권을 빼앗기는 **을사늑약***을 체결하고 말았어요.

이날 관순이 다니던 지령리 교회도 일본 순사들에 의해 불

---

* **늑약** : 억지로 맺은 나라 사이의 약속을 '늑약'이라 합니다. 반대로 나라와 나라가 서로 의논해서 맺은 약속은 '조약'이에요.
을사늑약은 일본이 강제로 한 을사년(1905년)의 약속으로 조선의 외교권을 가져갔어요.

조선의 독립을 위해 싸웠던 조선 의병의 사진이에요.
영국 기자가 찍었습니다.

타 없어지고 말았습니다. 교회가 타는 것을 막으려던 마을 어른 두 사람은 순사들 손에 돌아가시기도 했습니다. 의병은 보는 즉시 신고해야 하는데 그러지 않았다는 이유에서였어요.

의병은 나라를 위해 스스로 싸우는 사람들이었습니다. 의병은 일본이 조선 군대를 강제로 없애면서 그 수가 많이 늘어났어요. 군대에서 나온 군인들이 의병이 되었거든요.

관순은 함께 교회에 다니던 정식이의 삼촌도 의병이 되었다는 이야기를 들었습니다. 삼촌도 원래는 조선의 군인이었는데 의병이 되었어요. 순사들은 정식이네 삼촌이 집에 다녀간 다음 날이면 집집마다 들이닥쳐 삼촌을 내놓으라고 윽박질렀습니다. 그런데 이번에는 삼촌을 찾지 못하자 교회를 불태운 거예요.

"맞다! 나도 가봐야겠어. 교회에 책을 두고 왔어."

"위험한데 어딜 가려고?"

불타는 교회를 바라보던 관순이 밖으로 나가려고 하자 놀란 오빠가 동생을 말렸습니다.

"성탄절에 사부인이 주신 책을 교회에 두고 왔어. 잘 간직해야 한다고 하셨단 말이야."

"관순아, 지금 가도 소용없어. 모두 타버렸을 거야."

"혹시 교회 안에 있는 책이랑 물건들은 밖에 빼놓았을지 모르잖아."

"순사들은 절대 그럴 리 없어!"

관순의 눈에 금세 눈물이 맺혔습니다. 태어나 처음 받은 책 선물을 눈앞에 두고도 찾으러 가지 못하는 것이 억울했거든요. 오빠의 말대로 관순의 책 역시 교회와 함께 불타버렸을지 모릅니다.

관순이 찾으려는 책은 지난겨울 지령리 교회를 방문했던 외국인 선교사 앨리스 샤프에게 받은 것입니다. 그날 모인 마을 사람들은 어른이나 아이나 할 것 없이 모두 코가 높고 눈동자가 푸른 '앨리스 샤프'를 신기하게 바라보았지요.

조선 이름으로는 사애리시. 그녀는 어색한 우리말로 사람들

이 자신을 사부인이라 부른다고 말했습니다. 사부인은 아이들의 이름을 하나하나 물으며 손을 잡아 주었습니다. 앞으로 조선을 이끌 아이들이야말로 가장 소중한 존재라고 하면서 말이에요. 사부인은 자리를 뜨기 전 사람들에게 혹시 알고 있는 성경 구절이 있는지 물었습니다. 모두 눈치만 보는 가운데 어린 관순이 손을 번쩍 들었습니다.

"뜻이 하늘에서 이루어진 것과 같이 땅에서도 이루어지리라."

관순의 말을 들은 사부인은 흐뭇하게 웃었습니다.

"네게 줄 것이 이것밖에 없구나."

사부인은 관순에게 다가와 책 한 권을 주었습니다. 성경 이야기를 우리말로 풀어쓴 책이었어요.

불타는 교회를 바라보며 우석이 말했습니다.

"책은 오빠가 다시 구해다 줄 테니 걱정하지 마."

"하지만 사부인이 준 것과 똑같은 책은 없어."

"관순아, 교회나 책은 불타 없어질 수 있지만 우리의 정신만큼은 불태울 수 없잖아. 사부인도 책을 가지고 있는 것보다 책을 기억하면서 좋은 생각을 하기를 원하실 거야."

"그럴까?"

어느새 눈물을 그친 관순이 오빠를 보며 물었습니다.

"그럼!"

우석의 자신 있는 대답에 관순의 마음이 조금 풀렸습니다. 순사들이 모든 걸 빼앗고 불태운다 해도 생각만큼은 가져갈 수 없다는 오빠의 말이 오래도록 머릿속에 남았습니다.

장난꾸러기 대장 관순이

"얘들아, 우리 비석치기할까?"

"난 관순이 편 할래."

"나도! 나도!"

"그럼 우리 가위바위보로 결정하자."

"이기는 사람이 관순이 편!"

관순이가 마을 아이들과 편을 나누어 비석치기를 합니다. 머

리를 세 갈래로 땋고 해가 뜰 때부터 질 때까지 온 동네를 휘젓고 다니는 관순은 마을에서 소문난 장난꾸러기였습니다. 언제나 아이들을 몰고 다니는 관순은 매번 새로운 놀이를 먼저 하자고 말하는 것으로 유명했지요. 이날도 숨바꼭질, 술래잡기, 물고기 잡기에 이어 네 번째 놀이를 하자고 한 것이었습니다. 비석치기는 손바닥 크기의 비석을 세워 놓고 조금 떨어진 곳에서 돌을 던져서 넘어뜨리는 쪽이 이기는 놀이입니다.

"와, 이겼다!"

마지막 주자였던 관순이 비석을 쓰러트리자 같은 편 아이들이 환호성을 질렀습니다. 또래 아이들은 물론 덩치가 큰 남자 아이들도 키가 크고 몸이 빠른 관순을 당해내기가 쉽지 않았습니다. 게다가 누구보다 지기 싫어했던 관순이었으니 마을에서는 따라올 아이가 없었지요.

"난 인제 그만 들어갈래."

"그러지 말고 나랑 풀각시 놀이하자."

해 질 녘이 되어 친구들이 하나씩 집으로 돌아가는데 관순은 다른 놀이를 하자며 단짝 동순이를 붙들었습니다. 억새풀이나 지푸라기를 엮어 사람 모양으로 만든 풀각시를 가지고 엄마, 아빠 놀이나 교회 놀이를 하는 걸 좋아했거든요.

"안 돼. 지금 집에 가지 않으면 어머니께 혼이 날 거야."

"그럼 누가 먼저 풀각시를 만드는지 내기할까? 그건 빨리 만드는 사람이 이기는 거니까 얼른 만들고 집에 갈 수 있잖아. 어때?"

관순이 고집을 부리자 동순이는 어쩔 수 없다는 듯 고개를 끄덕였습니다. 두 사람은 꺾어온 억새풀을 엮어 재빠르게 풀각시를 만들기 시작했습니다. 가느다란 억새풀 두 줄을 허리에 묶어 풀각시를 완성하려던 동순이는 아직 다리 부분을 마무리하지 못한 관순이를 기다려주었습니다. 관순이 풀각시의 허리를 묶으려는 순간 동순이도 얼른 손에 들고 있던 억새풀로 인형의 허리를 묶었습니다.

"동점! 똑같이 끝났네."

관순이 기뻐하는 모습을 보자 동순도 기분이 좋았습니다. 관순도 동순이 기다려줬다는 걸 알고 있었지요. 둘은 서로를 바라보며 씽긋 웃었습니다.

　관순은 누구보다 지기 싫어했지만 옳지 않은 일에는 네 편, 내 편을 두지 않았습니다. 하루는 동생 인석이가 머리를 크게 다쳐 돌아온 일이 있었어요.

　"이게 무슨 일이니?"

　놀란 어머니와 아버지가 달려 나오셨어요.

　"동구 형이…… 형이……."

　인석은 참았던 울음을 터트렸습니다.

　"관석아, 너는 얼른 면보를 가지고 오너라. 관순이 너는 인석이를 이렇게 만든 동구를 어서 데려와!"

　화가 난 아버지와 어머니는 관순을 시켜 옆 동네 사는 동구를 데려오도록 하였습니다. 하지만 관순은 한참이 지나서 혼자 집으로 돌아왔어요.

　"아니 동구를 데려오라고 했더니 왜 혼자 오는 거야?"

　어머니의 물음에 관순은 대답 대신 인석의 손을 끌어 옆에 세웠습니다.

"인석아! 너 똑바로 말해."
우물쭈물하는 인석을 관순이 다그쳤습니다.
"네가 동구 제기를 뺏으려다가 다친 거라고 하던데 그 말이 맞아?"
"아니야!"
"아니라고 하잖니. 또 인석이가 잘못했더라도 돌을 던진 건 큰일 날 행동이야."

어머니는 인석이 편을 들어주셨어요.

"누나는 동구 형 말만 믿고 왜 내 말은 안 믿는 건데!"

어머니 말에 힘을 얻은 인석이 빽 소리를 질렀습니다.

"동구 말만 들은 게 아니야. 같이 있던 다른 아이에게도 물어봤어. 또 돌은 네가 먼저 던졌다고 하던데, 맞아?"

"난 일부러 맞추려고 한 건 아니란 말이야!"

"그렇다고 해도 너도 잘못한 거니까 네 잘못도 인정해. 거기다 넌 거짓말까지 했잖아."

"아무리 그래도……."

"인석이가 다치긴 했지만 자기가 먼저 잘못해서 일어난 일이에요."

관순은 별일 아니라는 듯 말하고는 입을 다물었습니다. 아무리 가족이라 해도 먼저 잘못한 쪽을 편들어서는 안 된다는 관순의 말에 아버지, 어머니도 더는 말을 잇지 못했습니다. 그리고 관순의 말이 맞다고 생각했어요.

"관순이 말이 맞네. 인석이 너는 내일 아침 일찍 동구에게 가서 사과하도록 해라. 알았지?"

"네."

인석이 기어들어가는 목소리로 대답했어요.

'마냥 장난꾸러기인 줄로만 알고 있었는데, 어느새 속이 꽉 찼구나. 언제 이렇게 컸는지…….'

가족 간 정에 매달리는 대신 옳은 일을 중요하게 생각하는 관순이 아버지는 자랑스러웠어요. 아버지는 흐뭇한 표정으로 보일 듯 말듯 미소 지었습니다.

꿈에 그리던 이화학당에

"관순이를 계속 저렇게 놔둬도 될까요?"

"관순이도 상급학교에 보내면 좋겠지만 당신도 알다시피 우리 집 형편에 관순이까지 공부를 더 시킬 수가 있어야지요."

"집안 살림이며 동생들 돌보는 일이며 관순이가 다 해주니 저야 편하게 볼일을 볼 수 있지만 관순이는 공부를 더 가르쳐야 할 것 같아요. 관순이처럼 영리한 애가 공부를 안 하면 누가 공부하냐고 목사님도 말씀하시고요."

"당장은 학교 세우느라 빌린 돈에 이자 갚기도 빠듯한 상황이니…… 생각 좀 해봅시다."

아버지와 어머니는 아이들이 모두 자는 한밤중에 관순의 학교 문제를 두고 고민했습니다. 그동안 관순은 교회에서 읽고 쓰기 등을 공부하다가 사부인의 도움으로 공주 영명학교에서 2년 동안 공부할 수 있었습니다. 성적이 좋은 관순을 상급학교로 보내 더 공부시키고 싶은 부모님은 안타까운 마음이 들었어요.

사실 관순이 살던 시대에는 대부분의 아이가 한글을 읽고 쓰는 정도만 공부했습니다. 또 여자아이들은 공부를 시킬 필요가 없다고 생각했기에 학교에 보내지 않는 경우도 많았고요. 어쩌다 상급학교에 진학하는 아이들이 있었지만 많은 아이가 일찍부터 농사일이나 집안일을 도와야 했습니다.

하지만 관순의 부모님 생각은 달랐습니다. 사람은 어떤 것을 배우냐에 따라 인생이 달라진다고 여겼습니다. 또 교육이야말로 빼앗긴 나라를 되찾고 일으킬 중요한 무기라고 믿었고요.

관순의 아버지는 '교육이 곧 나라의 미래'라는 생각을 실천하기 위해 전 재산을 털어 학교를 세웠습니다. 1911년 개교한 흥호학교는 관순의 아버지가 일본인에게 빚까지 내면서 만든 마을의 유일한 신식학교였어요. 흥호학교에는 관순의 오빠인 우석이 다니기도 했습니다. 하지만 아버지는 흥호학교를 세우느라 빌린 돈의 이자가 몇 배로 불어나는 바람에 관순의 학비는 커녕 아이들을 제대로 먹이기도 힘든 상황이 되고 말았어요.

"학교를 세우는 일은 역시 무리였나 봐요. 우리 애들 가르칠 돈도 없으니."

어머니가 한숨을 내쉬며 말씀하셨습니다.

"그런 소리 마시오. 흥호학교 덕분에 마을 아이들 몇은 상급학교에 진학했고 또 하나는 유학까지 갔는데 이 모든 게 교육의 힘 아니겠소."

'공부를 좀 더 할 수 있다면 얼마나 좋을까.'

관순도 상급학교에 정말 가고 싶었습니다. 상급학교에서 새로운 학문을 배우고 친구들과 어울리고 싶었거든요. 특히 지난해 이화학당에 입학한 사촌 언니 예도가 들려주는 학교 이야기는 아무리 들어도 질리지 않았습니다. 예도 언니는 영어, 수학, 한문, 지리, 과학, 성경 등 신식학문을 배우는 이화학당 생활이 얼마나 바쁘게 흘러가는지, 사감 선생님은 얼마나 무서운지, 체조를 배우며 손과 발을 쭉쭉 뻗고 뛰는 일이 얼마나 우스운지를 말해 주었습니다.

"이화학당은 정말 재미있는 곳 같아. 그렇지?"

"재미있어! 수업도 재미있고 전국에서 모인 애들이 기숙사에 같이 사니까 할 말도 많아. 하루하루가 어떻게 지나가는지도 모르겠어."

관순은 자기도 이화학당에 가고 싶다고 말하고 싶었지만 참았습니다. 형편이 어려워 학교에 보내줄 수 없는 부모님이 아신다면 마음 아파하실 게 분명하니까요.

이화학당은 1886년 미국 선교사 메리 스크랜튼이 만든 여학

교입니다. 서울 정동에 세워졌던 이화학당은 초등학교와 중학교 과정인 보통과와 고등학교 과정인 고등과가 있었습니다. 나중에는 한국 최초의 여대생을 배출하기도 했지요.

관순은 자신도 언젠가 꼭 이화학당에 갈 거라고 굳게 다짐했습니다. 비록 지금은 갈 수 없지만 언젠가 학비를 마련해서 공부하겠다고 결심한 것입니다.

기회는 생각보다 빨리 찾아왔습니다.

방학이 끝난 예도 언니가 이화학당으로 돌아간 지 얼마 지나지 않아 작은아버지가 관순의 부모님을 만나러 왔습니다. 작은아버지는 예도 언니의 아빠이기도 합니다.

"형님! 관순이가 이화학당에 갈 수 있게 됐습니다."

"그게 무슨 소리인가?"

"사부인이 관순이를 장학생으로 이화학당에 추천해 주신답니다. 관순이를 무료로 가르쳐준다 이 말입니다."

"아니, 이런 고마울 때가!"

어머니는 관순이 장학생이 될 수 있다는 소식에 깜짝 놀라고

말았습니다.

"며칠 전에 사부인이 관순이 소식을 물으셔서 이런저런 이야기를 전해드렸더니 관순이처럼 똑똑한 아이는 꼭 공부를 더 해야 한다며 장학생으로 추천하겠다 하시더라고요."

"고맙네, 고마워. 모두 자네 덕분일세."

아버지는 작은아버지의 손을 잡으며 환하게 웃었습니다.

"관순아, 너도 이제 예도처럼 이화학당에서 공부할 수 있게 됐어."

어머니가 관순에게 소식을 전했습니다. 관순은 한달음에 뛰어나와 말했어요.

"고맙습니다, 작은아버지. 정말 열심히 공부할게요. 공부만 할 수 있다면 아무리 힘든 일이라도 할 수 있어요."

'나도 예도 언니처럼 이제 서울에 가서 공부할 수 있다!'

관순은 그날 가슴이 떨려 밤을 꼴딱 새우고 말았습니다.

역사 만세!

유관순이 처음 만난 선생님 '앨리스 샤프'

미국인 앨리스 샤프는 선교사로 한국에 왔습니다. 조선 이름은 사애리시. 사람들은 '사부인'이라고 불렀어요.

앨리스 샤프는 형편이 어려운 가정의 소녀들을 자식처럼 돌보며 사랑했어요. 특히 공부할 수 있도록 많은 활동을 했습니다. 앨리스 샤프는 남편과 함께 충청도 공주에 '영명학교'를 세웠는데 이곳에서 유관순이 2년 동안 공부하게 됩니다.

앨리스 샤프

열심히 공부하는 유관순을 지켜보며 사부인은 이화학당에 장학생으로 추천해요. 형편이 어려웠던 유관순이 더 배울 수 있도록 길을 열어준 것이지요. 그래서 사람들은 사부인을 유관순의 '선생님'이라 불러요.

지금도 '영명학교'는 공주에 있습니다. 바로 영명중고등학교예요.

공주 영명학교의
예전 모습이에요.

우리나라에 처음 생긴 여학교 '이화학당'

이화학당은 1886년에 문을 열었어요. 우리나라에 처음으로 생긴 여학교지요.

미국의 선교사 스크랜튼 부인이 소녀들을 가르치기 위해 만든 학교로 영어, 한문, 수학, 역사, 체조와 바느질 등을 가르쳤습니다. 그리고 합창 등 노래도 했어요.

이화학당의 '이화'는 조선 황제였던 '고종'이 지어주었는데 배꽃처럼 향기로우라는 뜻을 가지고 있어요.

처음에는 이화학당에 학생이 많이 없었어요. 당시에는 남자아이들만 공부했지, 여자아이들을 학교에 보내는 건 이상한 일이었거든요. 하지만 점점 여학생들이 많아지고 똑똑한 학생들은 장학금으로 공부할 기회도 생겼답니다. 그리고 학생들이 많이 생기자 사람들은 여학생들이 신기해서 구경하러 가기도 했고요.

이화학당은 여자 선생님만 학생들을 가르칠 수 있었어요. 다만 한문만은 남자 선생님이 있었는데 남자 선생님에게 배울 때는 선생님이

이화학당의 예전 모습이에요. 기와집으로 된 학교입니다.

뒤로 돌아앉아서 학생들의 질문에 답을 해주곤 했답니다.

이런 어려움 속에서도 이화학당은 여학생들을 위한 교육기관으로 자리를 잡아갔어요. 이화학당 출신 여성들이 사회에 나오면서 남녀평등에도 많은 역할을 하였지요.

이화학당은 우리나라 최초의 '여대생'이 탄생한 학교이기도 해요. 지금의 '이화여자대학교'와 '이화여자고등학교'가 그 이화학당입니다.

보통과의 수업 모습이에요.
모두 댕기를 땋았어요.

조선의 잔 다르크가 되리라

"어? 화장실이 깨끗하네."

"학당 앞마당도 빗자루로 쓸어놨어……."

"그러고 보니 어제 그냥 두었던 걸레도 누가 빨아서 널어놓았던걸."

"누가 했지? 우리 방 아이들은 아니야."

"그럼 누가…… 아, 알겠다! 우렁각시!"

친구들의 장난기 가득한 목소리를 들으며 관순은 몰래 웃었습니다. 사실 이화학당을 깨끗하게 청소한 우렁각시는 다름 아닌 관순이였거든요.

관순은 장학생으로 입학한 후부터 학교를 위해 할 일이 없을까 고민했습니다. 친구들은 모두 학비를 내지만 자신은 무료로 다니기에 학교에 조금이라도 보탬이 되고 싶었거든요. 관순이 찾은 일은 바로 친구들이 모두 미루는 더럽고 힘든 청소였습니다. 화장실이나 먼지가 가득 쌓인 계단 아래 구석구석을 모두가 잠든 새벽에 청소한 거예요.

관순이 이화학당에 입학한 지도 3개월이 지나가고 있었습니다. 이제 관순은 학교생활에 자신감이 생겼어요. 사촌 언니 예도의 도움도 컸고요. 예도는 학년이 다르기는 했지만 늘 옆에서 관순을 챙겨주었어요. 관순은 한 방에서 생활하는 학생들과도 금세 친해졌습니다. 모두 명랑하고 재미있는 관순을 좋아했어요.

기숙사에서 여러 친구와 지내다 보니 재미있는 일도 많았는데 한번은 이런 일도 있었어요.

이화학당 기숙사에는 자기 전, 기도 종이 치면 방에 있는 사람들이 돌아가며 기도를 하는 규칙이 있었습니다.

어느 날 기도를 마치며 당번이었던 관순이 말했습니다.

"명태의 이름으로 빕니다."

관순의 말에 방 친구들은 모두 웃음보가 터지고 말았어요. 원래는 '주님의 이름으로'라고 해야 하는데 느닷없이 명태라니요. 한 번 나온 웃음을 멈추기가 어려워 눈물이 쏙 빠지도록 웃는 사이 벌컥 문이 열렸습니다.

"무슨 일이야?"

문밖에는 호랑이 사감 선생님으로 유명한 김란사 선생님이 계셨습니다.

"그…… 그게…… 정수네 집에서 보내준 명태 반찬이 하도 맛있어서 기도하다가 그만……"

관순의 설명에 친구들은 다시 웃음이 나는 걸 겨우 참았습니다.

"너희는 품행점수 모두 빵점이야. 알았어?"

화가 난 김란사 선생님은 방 전체 학생들에게 벌을 주었지만 친구들은 선생님이 나가시자마자 또 한번 크게 웃었습니다. 관

순의 '명태 이야기'는 두고두고 전해지면서 방 친구들에게 잊지 못할 추억이 되었어요. 비록 혼이 나기는 했지만 관순은 김란사 선생님이 일부러 더 엄하게 하신다고 생각했습니다.

'겉은 저렇게 무서우셔도 속은 엄청 따뜻한 분이야.'

관순의 말처럼 김란사 선생님이 이토록 엄격한 데에는 이유가 있었습니다.

김란사 선생님은 관순과 친구들처럼 이화학당에서 공부하고 졸업하였습니다. 그런데 이화학당에 입학하는 게 쉽지 않았어요. 김란사 선생님이 입학하려고 할 때는 이미 결혼한 상태였고, 이화학당에서는 결혼한 여성은 입학할 수 없다며 몇 번이나 거절했거든요. 그럼에도 선생님은 배우려는 의지를 굽히지 않았어요. 결국 학장님의 허락을 받아 입학했고 누구보다 열심히 공부하고 생활했어요. 이에 감동한 선교사들의 추천으로 미국 유학길까지 오르게 된 선생님은 조선 여성으로는 처음으로 미국 대학교 졸업장을 받기도 했고요.

여성이 좋은 교육을 받아야 한다는 선생님의 생각은 이화학당 아이들에게도 고스란히 전해졌습니다. 학생들이 김란사 선생님을 무서워하면서도 존경했던 것은 그런 마음을 잘 알고 있었기 때문이에요. 게다가 김란사 선생님은 **'이문회'***라는 모임을 만들어 학생들에게 세계 여러 나라의 소식과 조선이 처한 현실을 전해주기도 하였습니다. 관순 역시 이문회에서 김란사 선생님에게 많은 이야기를 들었어요. 선생님의 이야기를 들으며 앞으로 할 일에 대한 고민도 생겼지요.

 이문회 모임이 있던 날이었습니다. 친구들이 모두 방으로 돌아간 후에도 그대로 앉아 있는 관순에게 김란사 선생님이 다가와 물으셨어요.

 "관순아, 무슨 일 있니?"

 "선생님, 우리 조선은 어떻게 될까요?"

---

* **이문회** : 이문회는 '이화문학회'의 줄임말이에요. 김란사 선생님이 만들었고 지금도 이어지고 있습니다.

"어려운 질문이네. 너는 어떻게 생각하니?"

"바다 건너 넓은 땅에서 큰 전쟁이 일어났지요?"

"1차 세계대전* 말이지?"

"네, 전쟁을 정리하면서 미국이 민족자결주의라는 걸 이야기했다고 하셨고요."

"그래, 맞아. 모든 국가는 각자 자기 나라의 운명을 결정할 수 있다는 의미야."

"우리도 그렇게 될 수 있을까요? 일본의 간섭 없이 나라의 운명을 결정할 수 있을까요?"

"조선은 반드시 독립해서 운명을 결정할 날이 올 거야. 하지만 그러기 위해서는 힘이 필요할 거야. 선생님은 너와 같은 친구들이 지금처럼 열심히 공부해서 배우지 못한 사람들에게 배

---

* **1차 세계대전** : 1914년에 시작된 전쟁으로 많은 나라가 참여했어요. 영국·프랑스·러시아 등의 연합국과 독일·오스트리아의 동맹국이 4년 동안 전쟁을 했습니다.

움을 나눈다면 큰 보탬이 될 거라고 믿어. 선생님은 관순이가 조선의 등불이 되기를 바란단다."

그날 김란사 선생님의 말씀은 관순의 가슴에 깊이 새겨졌어요.

이화학당에는 유관순이 존경하는 또 한 분의 선생님이 계셨어요. 바로 **박인덕*** 선생님이었지요. 박인덕 선생님은 관순을 딸처럼 따듯하게 대해 주셨습니다.

어느 날, 관순은 도서관에서 《애국부인전》을 읽고 있었습니다. 《애국부인전》은 사부인이 선물로 주신 것으로 프랑스의 애국 소녀 '잔 다르크'의 이야기가 실린 책이었어요.

관순이 정신없이 책을 읽고 있는데 누군가 다가왔어요. 바로 박인덕 선생님이었습니다.

---

* **박인덕** : 유관순을 가르친 선생님 중의 한 분이에요. 독립운동을 하기도 했지만, 후에 일본 편을 드는 글을 써서 친일파로 여겨지기도 해요.

"관순아, 잔 다르크 이야기를 읽는구나! 어때? 재밌어?"

"어, 선생님! 오셨어요? 책을 읽으면서 슬프기도 했고 기쁘기도 했어요. 그리고 조선하고 비슷하다는 생각도 들었고요. 프랑스가 백 년 동안 전쟁을 하면서 많이 어려웠는데 백성들이 힘을 합쳐 나라를 구하잖아요. 프랑스가 해냈다면, 조선도 할 수 있어요."

"그랬구나, 선생님하고 비슷한 걸 느꼈네."

"그리고 잔 다르크가 대단하다고 생각했어요. 프랑스를 구하는 데 그 약한 소녀가 앞장섰으니까요."

"맞아, 잔 다르크는 참 대단하지? 그리고 세상에는 잔 다르크 말고도 훌륭한 여성들이 많아. 이 책도 읽어 보렴."

박인덕 선생님은 책꽂이에서 《나이팅게일 전기》를 꺼내 관순에게 주셨어요. 관순은 그 책을 받아 읽기 시작했습니다. 선생님 말씀대로 세상에는 훌륭한 여성이 정말 많이 있었어요. 그리고 관순은 여성들의 이야기를 읽으며 자신이 할 일을 곰곰이 생각하게 되었습니다.

역사 만세!

유관순을 이끈 선생님 '김란사'

김란사는 우리나라에서 처음으로 미국 학사를 받은 여성이자 독립운동가입니다. 그리고 유관순의 이화학당 선생님이기도 하지요.

김란사는 여성들을 위한 학교가 있다는 소식을 듣고 이화학당에 찾아갑니다. 하지만 이화학당은 결혼한 여성은 받아줄 수 없다며 거절해요. 그래도 김란사는 계속 공부하고 싶다고 찾아갔고 정성에 감동한 학교장의 허락에 김란사는 드디어 입학하게 됩니다. 그리고 아기를 키우며 학교에 다녀요. 나중에는 이화학당의 선생님이 되었고 유관순이 독립운동을 하는 데 많은 영향을 줍니다.

김란사도 독립운동가예요. 고종의 편지를 전달하는 임무를 받기도 하고 고종의 통역을 맡기도 했어요. 그래서 김란사는 1995년 나라에서

→ 김란사

훌륭한 일을 한 사람에게 주는 훈장(건국훈장 애족장)을 받습니다.

많은 이가 김란사를 '하란사'로 알고 있습니다. 하지만 원래 성씨는 '김'으로 '하란사'는 남편의 성씨를 딴 것이에요. 후손들은 오랫동안 김란사의 성을 찾아주기 위해 노력했고 '김란사'로 수정되었어요. 그래서 나라 기록도 지금 '김란사'로 바뀌고 있는 중입니다.

김란사

여성 최초로 미국에서 학사를 받은 김란사. 맨 위 왼쪽에서 세 번째예요.

역사 만세!

잔 다르크와 나이팅게일

유관순이 감동한 잔 다르크와 나이팅게일! 이 두 사람은 어떤 일을 했을까요?

나라를 구한 소녀 '잔 다르크'

오래전 영국과 프랑스는 땅을 차지하는 문제를 두고 전쟁을 했습니다. 그것도 백 년 동안이나요. 그래서 사람들은 생활이 어려웠어요.

↳ 잔 다르크

 프랑스의 평범한 소녀였던 잔 다르크는 13세가 되던 어느 날, 천사의 모습을 봅니다. 그리고 "어서 가서 프랑스 왕을 구하라"는 목소리도 들어요.

 이 소리를 들은 잔 다르크는 황태자를 찾아가 나라를 구할 수 있게 해달라고 합니다. 그리고 황태자가 준 백마를 타고 전쟁터로 나가 큰 공을 세워요. 하지만 영국군에게 잡혔고 그곳에서 죽고 맙니다. 그때 잔 다르크의 나이는 19세였어요.

잔 다르크가 죽었다는 소식을 들은 프랑스는 슬픈 마음에 힘을 합쳐 영국과 싸우게 되고 이깁니다. 지금 잔 다르크는 프랑스의 영웅으로 기억되고 있어요.

간호사들의 정신 '나이팅게일'

영국의 간호사 나이팅게일은 부유한 집에서 태어났어요. 그리고 17세 때 가난하고 병든 사람들을 돌봐야겠다고 결심했지요. 하지만 당시 간호사는 천한 직업이라고 여겨졌고 가족의 반대가 심해 간호사 공부를 할 수가 없었어요. 그래도 틈틈이 간호 책을 읽고

나이팅게일

가족들이 없을 때는 요양원에 가서 봉사활동을 했지요.

그러다가 31세에 간호사가 되겠다고 결심하고 런던에 있는 요양원의 책임자가 되었습니다. 그리고 전쟁이 일어나자 간호사들을 데리고 전쟁터로 나가 다친 병사들을 치료해 주었어요. 또 간호학교를 만들고 간호사들의 일을 정리하는 등 큰 업적을 세우기도 했습니다.

나이팅게일은 영국에서 공을 인정받아 훈장을 받습니다. 그리고 지금도 간호사들은 나이팅게일을 기념하며 간호교육을 받고 실습을 나가기 전에 '나이팅게일 선서'를 하기도 해요. 이 선서는 나이팅게일처럼 환자들을 사랑하고 돌보겠다는 이야기를 담고 있어요.

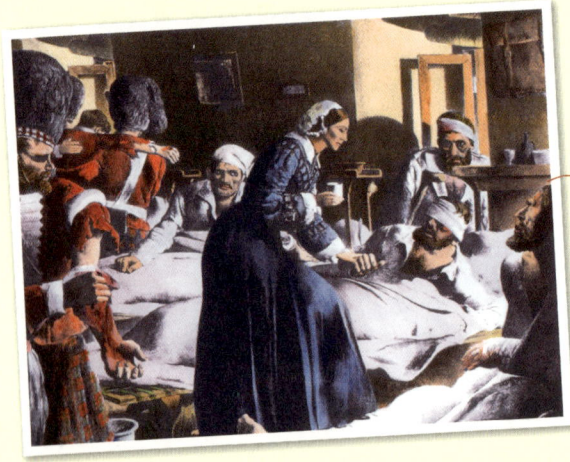

나이팅게일은 전쟁터로 나가 다친 병사들을 치료해 주었어요.

"만세! 만세! 대한 독립 만세!"

"애들아, 어서 일어나봐. 지금 큰일 났어."

"무슨 일인데?"

"지금 이 소리가 안 들려?"

"무슨 소리?"

"잘 들어봐. 아이고 아이고 하고 우는 소리 들리지 않냐고. 지금 서울 전체가 눈물바다야."

"하늘이라도 꺼졌어? 도대체 무슨 일이 일어났길래?"

"맞아. 하늘이 꺼진 거나 다름없지. 고종께서 돌아가셨대."

1919년 1월 21일 아침 6시, 당시 조선 황제였던 고종이 돌아가셨습니다. 그 소식이 알려지자 덕수궁 주변뿐만 아니라 서울 전체에 조선인들의 울음소리가 가득했어요. 갑자기 돌아가신 게 슬펐고 그동안 일본에게 당하면서 참았던 서러움이 터져 나온 것이었지요. 관순과 친구들 역시 눈물을 멈출 수가 없었습니다.

"일본인들이 고종을 독살(독을 먹여 죽임)한 게 분명해."
"설마 그렇게까지 했겠어? 아무리 그래도 한 나라의 왕인 분인데."

일본은 고종이 돌아가신 원인을 뇌출혈(뇌에 혈액이 넘쳐흐르는 상태) 혹은 심장 마비라고 밝혔지만 믿는 사람은 거의 없었습니다. 고종이 평소 아팠던 곳 없이 건강하셨거든요. 그래서 고종이 마신 음료에 독이 들어 있었다는 소문이 빠르게 퍼졌습니다.

사람들은 고종이 돌아가신 것을 굉장히 슬퍼했어요. 서울은 물론 조선 팔도 곳곳에서 죽음을 슬퍼하는 모임이 열렸고 장례식에 가까워지자 각지에서 모인 사람이 서울을 가득 메웠습니다. 고종의 죽음이 조선인을 모두 하나의 마음으로 뭉치게 한 거예요.

'우리 모두가 한마음으로 외친다면 일본도 물러갈 수밖에 없을 거야.'

관순은 사람들이 이제 독립을 외칠 것이라 생각했습니다.

"너희 그 얘기 들었어? 일본에서 유학생들이 독립을 선언했대."
"뭐라고? 조선도 아니고 일본 땅에서?"
"그렇다니까! 어제 일본에서 유학하고 있는 오빠가 갑자기 집에 왔어. 오빠가 말하는데 일본에서 학생들이 모여 독립선언서를 낭독했대. 자신도 그 자리에 있었다고 말이야. 그러면서 왜 조선에 있는 학생들은 아무것도 안 하냐고 묻는 거야."
"그래서 너는 뭐라고 했어?"

"아무 말도 못 했지. 뭐."

그즈음 일본에서 조선인 유학생 400여 명이 모여 독립을 선언했습니다. 그리고 이 소식이 조선의 지식인, 학생들에게 전해져 3.1만세운동을 계획하는 계기가 되었어요. 이것을 2.8독립선언이라 합니다.

"우리도 할 거야. 분명히 조선에서도 누구 하나가 나서기만 한다면 모두 같이할 거야."

자신에 찬 관순의 말에 친구들은 하나둘 고개를 끄덕였습니다.

"오빠 말이 조만간 서울에서도 독립선언이 있을 거래. 3월 1일로 날짜도 잡혔다고 했어."

"우리도 그때를 대비해서 **결사대***를 만들자. 때가 오면 뛰쳐나가서 독립을 외치는 거야. 대한 독립 만세! 이렇게."

---

* **결사대** : 죽기를 각오하고 힘을 모을 것을 약속한 사람들의 모임을 말해요.

"좋아, 나도 하겠어!"

관순은 친구들과 함께 결사대를 만들어 차근차근 3월 1일을 준비했습니다. 서울 대부분의 학교에서는 그날 발표될 독립선언서가 퍼지고 있었습니다. 관순과 친구들은 사람들에게 나눠 줄 태극기를 몰래 만들어 놓았어요.

드디어 3월 1일, 서울 종로에 모인 **민족 대표 33인***은 조선의 독립을 선언하는 독립선언서를 소리 내어 읽으며 3.1만세운동의 시작을 알렸습니다. 이화학당의 학생들은 점심때가 지나면서 들려오는 만세 소리를 신호 삼아 밖으로 향했습니다. 거리는 밀려드는 사람들로 발 디딜 틈이 없었어요.

"대한 독립 만세! 대한 독립 만세!"

이화학당 학생들은 담 너머로 들려오는 소리에 맞춰 함께 '대한 독립 만세'를 외치며 교문 밖으로 나가려 했습니다. 그런데

---

* **민족 대표 33인** : 조선을 대표해서 독립선언서에 이름을 쓴 사람들을 말해요. 기독교와 불교, 천도교 등의 종교 지도자들로 이루어졌습니다.

민족 대표 33인의 독립선언

그 순간, 이화학당 선생님들이 그들을 불러 세웠습니다.

"지금 나가면 안 됩니다. 밖은 위험해요. 절대로 보내줄 수 없어요."

"선생님, 저희는 조선인이에요. 우리나라를 지키려는 거예요. 나가게 해주세요."

"선생님, 나라 없는 슬픔을 이해해주세요!"

관순이 나서서 선생님들을 설득하려 했지만 선생님들은 학생들을 보내주지 않았습니다. 선생님들은 학생들이 위험한 상

황에 놓이게 될까 걱정했거든요. 일본인 헌병(군인 경찰)들은 어린이나 노인, 여성들을 가리지 않고 총칼을 휘두르는 것으로 유명했습니다. 하지만 관순은 포기하지 않고 친구들과 함께 학교 뒷담으로 향했습니다.

"만세! 만세! 대한 독립 만세!"

뒷담을 뛰어넘어 거리로 나온 관순은 그토록 부르고 싶었던 '대한 독립 만세'를 힘차게 외쳤습니다. 거리마다 온통 새하얀 태극기를 든 사람들이 가득했어요. 조선 사람들은 일본인이 아닌 자신들이 이 땅의 주인이라는 사실을 온몸으로 느꼈습니다. 사람들은 정말 오랜만에 서로를 마주보며 마음 편히 웃었습니다. 관순 역시 몸이 떨릴 만큼 기뻤습니다. 일본인의 눈치를 안 본다는 게 정말로 자유롭게 느껴졌습니다.

그 순간 관순은 다짐했습니다. 조선의 독립을 위해 무슨 일이든 하겠다고 말입니다. 관순은 다시 힘껏 만세를 불렀습니다.

"만세! 만세! 만세! 대한 독립 만세!"

봉화를 올려라

　3.1만세운동 이후에도 만세 시위는 계속되었고 이제 일본은 조선인을 잡아가기 시작했어요. 학생들도 잡혀갔고 총에 맞아 숨지는 사람도 있었지요. 관순과 친구들도 일본 헌병에게 붙잡혀 철창에 갇혔습니다.

　"우리 학생들을 당장 풀어주세요. 그렇지 않으면 세계에 이 사실을 알리겠어요. 다른 나라 사람들이 이 사실을 알면 일본은 망신을 당할 거예요."

3월 5일, 시위에 참여했던 관순과 친구들이 기숙사로 돌아오지 않자 선생님들이 찾아와 말했습니다.

"죄 없는 학생들을 가두고 고문한다면 일본의 나쁜 짓을 세계에 알리는 게 되겠죠? 학생들은 무리에 휩쓸려 그곳에 있었을 뿐 아무 잘못이 없으니 풀어주세요."
"우리 학생들을 풀어주지 않는다면 만세운동은 더 커질 겁니다. 두고 보세요!"

선생님들이 목소리를 높이자 가만히 듣고 있던 경무총장이 그제야 입을 뗐습니다.

"좋아요, 오늘은 학생들을 데려가시오. 하지만 조사가 끝난 게 아니라는 사실을 명심하시오."

관순과 친구들은 선생님들의 도움으로 간신히 학교로 돌아왔어요. 하지만 학생들의 독립 시위는 계속되었습니다. 마침내 일본은 시위를 막기 위해 서울 시내 모든 학교의 문을 닫도록 하였습니다. 이화학당도 문을 닫아야 했어요. 기숙사에 머물던 학생들은 어쩔 수 없이 각자의 집으로 뿔뿔이 흩어졌습니다. 관순과 사촌 언니 예도, 그리고 고향 친구 동순도 천안 집으로 가는 기차를 탔어요. 기차 안에서 관순과 친구들은 기차의 기적소리를 듣고 저마다 한마디씩 하게 되었어요.

"동전 한 닢, 동전 한 닢."

"뭐라고?"

"칙칙거리는 기차 소리 말이야. 동전 한 닢, 동전 한 닢 하는 것 같지 않아?"

"하하하. 난 또."

"대한 독립, 대한 독립."

"관순아, 뭐라고?"

"잘 들어봐. 동전 한 닢이 아니라 대한 독립, 대한 독립 그렇게 들리지 않아?"

 기차 소리마저 '대한 독립'으로 들릴 정도로 관순의 독립을 향한 의지는 매우 강했어요.

 기차에서 내린 후에도 한참을 걸어 집에 도착한 관순은 자신을 반갑게 맞아주는 아버지, 어머니께 서울에서 있었던 3.1운동 이야기를 하느라 피곤한 줄을 몰랐습니다.

"그날은 서울 거리가 온통 조선 사람들로 발 디딜 틈이 없었어요. 모두 한 손에 태극기를 들고 대한 독립 만세를 외쳤어요. 그냥 다 같이 행진하는 거였는데 가슴이 두근거리고 벅찼어요. 아마 두 분이 함께 계셨더라면 기뻐서 눈물을 흘리셨을지도 몰라요."

"그 많은 사람이 독립을 외치다니 믿을 수가 없구나. 이렇게 한목소리로 힘을 합치면 독립인들 어렵겠니?"

"물론이에요! 우리가 한마음으로 싸운다면 아무리 일본이 총칼로 위협해도 이겨낼 수 없을 거예요. 여기서도 계속 만세운동을 해야 해요!"

아버지, 어머니는 관순의 말대로 마을에서도 만세운동을 이어나가야 한다고 생각했습니다. 두 분은 근처에 사는 어른들과 예도, 관순을 불러 언제 어떻게 사람들을 모아 만세 시위를 할지 의논했어요.

"다음 달 4월 1일이 좋겠네. 음력으로 3월 1일이기도 하고 아우내장이 열리는 날이라서 근처 마을 사람들이 모두 장터에 나올 게 아닌가. 그날로 잡도록 하세."

"좋아, 사람들에게는 어떻게 알리는 게 좋겠나?"

관순이 기다렸다는 듯 대답했어요.

"예도 언니와 제가 마을마다 돌아다니면서 소식을 전하면 돼요."

"보통 거리가 아닌데 할 수 있겠니?"

"네, 걱정 마세요. 아버지, 어머니께서 주신 튼튼한 다리가 두 개나 있어요!"

다리를 턱 하니 뽐내는 관순의 모습에 긴장했던 어른들의 입가에도 미소가 번졌어요. 장난꾸러기 골목대장 관순이다운 모습이었거든요.

"그럼 저는 마을 교회에서 아주머니들과 태극기를 만들어야겠네요."

관순의 어머니도 의지를 다졌습니다.

관순과 예도 언니는 그날로 길을 떠났습니다. 근처에 있는 청주, 진천, 오창, 연기 등의 마을을 일일이 찾아다녀야 했기에 시간이 별로 없었거든요. 예도 언니와 관순이 반으로 나누어 마을을 방문하기로 했지만 예도 언니는 그만 길을 떠난 지 하루 만에 병이 나고 말았습니다. 그래서 관순이 모든 마을을 가야 했어요.

관순은 쉬지 않고 걸었습니다. 머리에 수건을 두르고 장사하는 아주머니 차림으로 길을 떠난 관순은 순사의 눈을 피해 험한 산길도 오르내려야 했습니다. 하지만 자신이 걷는 만큼 조선의 독립이 빨라진다고 생각하면서 힘들어도 꾹 참았습니다. 그렇게 이 마을 저 마을 다니며 만세운동을 함께해 달라 말했지만 사람들은 쉽게 대답을 해주지 않았어요.

"음력 3월 1일에 만세운동이 열려요. 전날 밤에 **봉화***로 참여할지를 알려주세요. 저희 마을에서는 전날 밤 12시, 매봉산에 봉화를 올릴 거예요. 참여하시려면 봉화를 꼭 올려주세요."

"글쎄, 의논해 봐야겠구나."

"요즘 감시가 워낙 심해서 사람들이 하려고 할지 모르겠네."

마지막 마을까지 다녀온 후 관순은 밤새 끙끙 앓고 말았습니다. 매일 걷느라 힘들기도 했고 사람들이 만세운동을 하겠다고 대답하지 않은 것도 몸과 마음을 아프게 했거든요. 어머니는 땀을 흘리는 관순의 이마에 찬 수건을 대어주셨습니다.

---

* **봉화** : 조선 시대에는 높은 산꼭대기에 불을 피울 수 있는 봉수대를 만들고 적이 쳐들어오거나 급한 소식이 있으면 불을 피워 다른 마을에 알렸어요. 연기와 불꽃으로요. 그걸 봉화라고 해요.

"관순아, 모든 게 잘될 테니 걱정 말아라. 하늘도 너의 정성을 아실 거야."

어머니는 늘 그랬던 것처럼 또 한번 힘을 북돋아 주셨어요.

드디어 봉화를 올리기로 약속한 날이 되었습니다.

관순은 아버지와 함께 매봉산을 올랐습니다. 지령리에서 가장 높은 산인 매봉산에 봉화를 올리면 함께하는 마을에서도 불을 피울 것이었습니다.

관순은 누구보다 떨리는 마음으로 봉수대(불을 피울 수 있도록 만든 둑)를 바라보았어요. 매봉산 봉수대에 불을 붙인 지 십여 분이 흘렀습니다.

"저기다! 저기!"

여기저기서 봉화가 올라오기 시작했습니다. 관순이네 마을에서 봉화를 올린 매봉을 중심으로 구밋들 우각산, 강단산, 백전리 돌산, 세성산, 아우내장터 뒤 갓모봉, 봉화대, 개목산 등 일곱 개의 산에서 불길이 솟아올랐습니다.

"관순아, 저기를 봐!"

불꽃이 여기저기에서 치솟았습니다. 모두 24개였어요. 관순이 방문했던 마을 모두가 만세운동을 함께하기로 한 것입니다. 일렁이는 불들이 산 전체를 삼켜버릴 것처럼 커 보였습니다. 관순은 흐르는 눈물을 닦았습니다. 아버지는 관순에게 말씀하셨습니다.

"장하다, 우리 딸. 네가 해냈구나."

사랑하는 이들을 가슴에 묻고

"누나! 장에 가면 꼭 과자 사다 줘야 해. 형 것만 사면 안 돼. 내 것도 있지 마. 알았지?"

"그래, 꼭 사 올게."

"와! 신난다!"

관순은 입이 째져라 웃는 두 동생을 보며 서둘러 보자기에 태극기를 쌌어요. 아무것도 모르는 두 동생과의 약속을 지키기 위해서라도 꼭 별 탈 없이 돌아와야 했습니다. 관순과 부모님 그리고 시위에 참가하기로 한 마을 사람들은 하나둘 아우내장터로 향했습니다.

　만세운동을 하기로 한 음력 3월 1일, 부모님과 관순은 아침 일찍부터 장에 나왔어요. 오고 가는 사람들은 모두 평소처럼 행동했습니다. 물건을 사고팔고 가끔 왁자지껄 이야기가 오고 가는 모습이 평범한 시골 장터의 풍경이었지요.

　관순과 지령리 마을 사람들은 도착하자마자 순사의 눈을 피해 장터의 뒷골목에 흩어져 태극기를 나눠주었습니다. 지나던 사람들은 태극기를 받자마자 품 안에 숨기고는 아무 일도 없다는 듯 가던 길을 계속 갔습니다.

　드디어 만세를 부르기로 한 1시가 되었습니다. 넓은 공터에는 어느덧 빼곡히 사람들이 들어차 있었습니다. 약속대로 동네 어른 조인원이 쌀가마니를 쌓아 올린 단 위에 올라서서 독립선언서를 큰 목소리로 읽어 내려갔습니다.

"우리는 조선이 독립한 나라이며 조선인이 이 나라의 주인임

을 선언합니다. 이를 세계에 알리고 자손들에게 알립니다. 이로써 우리의 정당한 권리를 영원히 가짐을 알립니다."

독립선언서를 읽다 말고 조인원 아저씨는 유관순을 단상 위로 올라오게 했어요. 아저씨는 선언문에 쓰인 세 가지 약속을 관순이 읽도록 하였습니다.

"하나, 오늘 우리의 거사는 오직 자유의 정신을 발휘하는 것이다."
"하나, 마지막 한 사람에 이르기까지 마지막 한 순간에 다다를 때까지 민족의 정당한 의사를 표현한다."
"하나, 모든 행동은 질서를 존중하여 어디까지나 떳떳하고 정당하게 하라."

관순의 낭독이 끝난 후 두 사람은 '대한 독립 만세'를 함께 외쳤습니다.

1919년 음력 3월 1일, 충청남도 천안 병천 아우내장터에서 3천여 명이 참여한 충청지역 최대의 만세운동은 이렇게 시작되었습니다. 모여 있던 사람들은 저마다 품에서 태극기를 꺼내며 '대한 독립 만세'를 외쳤어요. 관순의 아버지 유중권, 작은아버지 유중무, 마을 어른 조인원, 김구응 그리고 관순이 앞장선 가운데 대한 독립을 외치는 사람들은 그동안 자신들을 괴롭혀 온 **주재소***를 향해 나아갔습니다.

　주재소 앞에는 이미 헌병들이 총부리를 겨눈 채 다가오는 시위대를 바라보고 있었습니다. 주재소장은 권총을 빼어 들고는 시위대를 위협했어요.

　"지금 당장 집으로 돌아가지 않으면 총을 쏘겠다!"

　"우리가 뭘 했다고 총을 쏜단 말이오?"

　"우리 땅에서 내 땅이라고 말도 못 한다는 건가?"

---

* **주재소** : 일본 순사가 머무르던 곳으로 지금의 파출소와 비슷한 곳이에요.

주재소장의 말에 여기저기서 사람들이 웅성대기 시작했습니다. 서울에서 시위대가 다치고 죽은 사실을 알고 있던 관순은 헌병을 막기 위해 나섰습니다.

"우리는 아무것도 하지 않아요. 보세요. 우리 손에는 이 깃발밖에 없어요."

관순이 아무것도 없다는 걸 보여주기 위해 다가가는 순간이었습니다.

'탕' 하는 소리가 울렸습니다.

아버지 옆에 서 있던 김구응 아저씨가 총에 맞고 쓰러졌습니다. 근처에 있던 사람들이 뛰어가 아저씨를 안고 옮기는 사이 관순의 아버지가 총을 쏜 일본인 헌병에게 달려들었습니다. 그러자 바로 옆에 있던 또 다른 헌병이 아버지의 가슴팍을 칼로 찔렀습니다. 아버지가 쓰러진 자리는 순식간에 피로 물들었어요.

"야, 이놈들아! 당신들은 사람이 아니오! 어떻게 이런 짐승보다 못한 짓을 하는 것이오!"

관순의 어머니는 쓰러진 아버지를 끌어안고 고통스러워하며 소리를 질렀습니다. 조인원 아저씨도 아버지가 쓰러진 것을 보고 다가왔고요. 그때 무서운 목소리가 들렸습니다.

"쏴!"

주재소장이 발포 명령을 내렸습니다.

"탕탕탕. 탕. 탕. 탕."

아버지에 이어 어머니마저 총에 맞아 쓰러졌습니다. 사람들은 정신없이 흩어졌고 관순은 꼼짝도 할 수 없었습니다. 부모님이 쓰러진 일이 믿어지지 않았습니다. 총을 쏘아대는 헌병들에게 시위대 중 일부가 달려들었고 나머지 사람들은 총을 피해 여기저기로 도망쳤어요. 헌병들은 도망치는 사람들에게도 총을 쏘았습니다.

멍하니 있던 관순은 얼른 정신을 차리고 아버지와 어머니 곁에 다가가 두 분을 흔들었지만 움직이지 않았어요.

"아버지…… 어머니…… 정신 차리세요."

작은아버지가 울고 있는 유관순을 잡아끌었습니다.

"관순아, 도망가거라. 이러다가 너까지 죽겠어. 어서!"

작은아버지의 손에 이끌려 움직이려 해봤지만 한 발짝도 움직여지지 않았습니다. 게다가 관순은 가슴팍에 총알이 스치는 사고를 당했거든요. 그래서 관순은 몇 걸음 가지도 못하고 헌병에게 붙잡히고 말았어요.

그날 헌병들의 총알에 수많은 사람이 죽거나 다쳤고, 형무소(감옥의 옛날 말)로 끌려갔습니다. 관순도 형무소로 가게 됐어요.

'아버지, 어머니는 정말 돌아가신 걸까? 동생들이 나를 기다릴 텐데…… 양과자를 사다주기로 약속했는데…….'

바로 앞에서 부모님의 죽음을 보았지만 믿을 수가 없었습니다. 관순은 두 분이 혹시라도 살아계실지 모른다는 생각과 자신을 손꼽아 기다릴 동생들 생각에 다친 것도 까맣게 잊고 있었어요. 그리고 자신이 앞장선 만세운동 때문에 많은 사람이 죽거나 다쳤다는 생각이 들어 마음이 아팠습니다.

'많은 사람이 다치고 죽었어. 독립을 외치다가 말이야. 나는 이제 어떻게 해야 할까.'

관순은 오랏줄(죄인을 묶을 때 쓰는 굵은 줄)에 묶여 공주 형무소를 향해 며칠 동안 걸으면서 그날의 일을 계속 생각해 보았습니다. 그러다 깨달았지요. 부모님의 죽음을 헛되지 않게 하는 방법은 '마지막 한 사람 마지막 한 순간이 될 때까지 멈추지 않는다'고 했던 독립선언을 계속하는 것이라고요. 그것이 바로 두 분의 정신을 이어가는 것이라고 말입니다.

몸은 갇혔어도 정신만은 나의 것

공주 형무소에 도착한 관순과 작은아버지, 조인원 아저씨 등은 재판 날까지 또 여러 날을 기다려야 했습니다. 재판을 기다리는 동안 관순은 오빠 우석을 만나기도 했어요. 조사를 받으러 가던 길에 복도에서 우연히 마주쳤거든요. 오빠는 물었습니다.

"관순아! 아버지, 어머니랑 동생들 소식은 알고 있어? 걱정 말고 재판 잘 받아. 몸 잘 챙기고, 알았지?"

관순은 고개를 떨어트린 채 눈물만 뚝뚝 흘렸지요. 서로를 지나치면서 오빠는 벌써 저만치 반대 방향으로 가고 있었습니다. 관순은 등을 돌려 오빠를 향해 소리쳤습니다.

"아버지, 어머니는 돌아가셨어. 동생들도 어떻게 됐는지 몰라. 그래도 다 잘 될 거야. 그렇지? 오빠! 내 말 들려?"

오빠는 그 자리에 우뚝 서고 말았습니다. 너무 놀라고 슬퍼서 움직일 수가 없었거든요. 그런 오빠를 멀리서 보며 관순은 다시 한번 눈물을 흘렸습니다.

만세 시위에 앞장섰다는 이유로 재판에 넘겨진 관순은 5년 동안 감옥에 있으라는 판결이 내려졌습니다. 18세 여학생에게 내려진 판결치고는 너무나 큰 것이었어요. 아무런 무기를 가지지 않았고 단순히 사람들을 모아 만세를 불렀다는 이유로 5년이나 감옥에 있어야 한다니 이해할 수 없었습니다. 서울에서 독립선언을 한 어른들조차도 3년 형 정도였으니까요. 그래서 관순은 다시 재판(**상고***라고 합니다)을 신청했어요.

"어린 나이에 어째서 마을마다 직접 연락한 거냐?"

"내가 주도했기 때문이다."

"학생이 왜 정치적인 일에 가담했느냐?"

"학생이라고 해서 내 나라가 어떤 일을 당하는지도 모르겠는가."

"너는 너도 모르는 사이에 나쁜 생각을 배웠다."

"일본이 우리나라를 침략한 것은 어린아이도 아는 사실이다."

"침략이 아니다. 두 나라가 합친 것이다. 서로 의논해서 하나가 된 거란 말이다. 일본의 도움이 없으면 가난한 조선이 어떻게 살아가겠냐."

"그런 핑계로 군대를 들여놓고 그다음에는 외교권을 박탈하고 이제는 땅도 뺏고 말과 글도 뺏으려고 하는 것을 바보가 아

---

* **상고** : 법원의 결정이 잘못됐다고 생각될 때는 재판을 다시 받을 수 있어요. 2번까지 더 신청할 수 있는데 이것을 상고라고 합니다.

닌 다음에야 어찌 모르겠는가?"

또박또박 대답하는 관순을 보며 일본인 판사는 얼굴을 찌푸렸습니다.

"어쩌자고 헌병들에게 달려들었느냐?"

"맨손으로 시위하는 사람들에게 먼저 총을 든 것은 헌병들이었다. 나는 시위대와 충돌을 피하게 하려고 나선 것뿐이다. 내 아버지와 어머니 같은 죄 없는 사람들이 죽었다. 여기서 조사를 받을 사람은 내가 아닌 바로 너희 일본인들이다. 당장 사과하고 억울하게 잡혀 온 사람들을 풀어줘라."

재판을 지켜보던 사람들은 감탄했습니다. 관순이 한 말은 조선 사람들의 마음 그대로였거든요. 하지만 판사는 주먹으로 책상 위를 세게 내리치며 말했습니다.

"유관순을 징역 3년 형에 처한다."

5년 형보다는 줄었지만 3년 형도 길기는 마찬가지였어요.

"상고해야 한다. 3년 형도 너무 과하구나. 만세 시위에 참여한 사람들을 도와주는 조선인 변호사가 있다고 들었다. 그 사람한테 연락해보자."

"그래, 관순아. 한 번 더 재판받으면 풀려날 수 있을 거야. 앞날이 창창한데 얼른 나가서 공부를 마쳐야지."

조인원 아저씨와 작은아버지의 말에 관순은 이렇게 대답했어요.

"재판을 더 받지 않을래요. 나라가 없는데 미래가 있을까요? 조선이 독립하지 않는 이상 조선 땅은 모두 감옥이에요. 저는 상고하지 않겠습니다."

관순의 말에 조인원 아저씨와 작은아버지는 아무 말도 하지 못했어요. 결국 관순은 그대로 서대문형무소로 가게 됐습니다.

관순도 처음에는 감옥에서 풀려나 이화학당으로 돌아갈 날을 기다렸습니다. 또 고향이 너무 그리웠고 동생들도 보고 싶었어요. 하지만 감옥에서 빨리 나가기 위해서는 자기가 죄인이라고 인정하거나 실수라고 말해야 했어요. 그것은 억울하게 돌아가신 부모님과 많은 사람의 희생을 모른 척하는 일이었습니

유관순이 감옥 생활을 할 때 사용된 '일제감시대상인물카드'. 고문과 폭력 때문에 얼굴이 많이 부어 있어요.

다. 관순은 그럴 수가 없었어요.

관순은 서대문형무소에 가서 감옥 생활을 시작하게 되었어요. 서대문형무소는 수많은 독립운동가가 잡혀 있던 악명 높은 감옥이었습니다. 3.1만세운동에 참여한 사람들로 형무소가 가득 찰 정도였습니다. 그런데 환경은 좋지 않았어요. 몹시 춥거나 더웠고 특히 햇볕이 잘 들지 않아 습기도 많았습니다. 또 갇힌 사람들을 때리고 고문하는 일이 많았어요. 재소자들은 체포나 조사 중에 자주 다쳤고 큰 병으로 이어지는 일이 많았습니다. 관순도 가슴팍에 생긴 상처가 잘 낫지 않았어요. 또 조사 중에 맞는 일도 자주 있었고요.

"관순아, 상처를 이렇게 그냥 두어서는 안 돼."
"피가 멎긴 했는데 고름이 멈추지를 않아요."
관순의 가슴팍 상처에 생긴 고름을 닦아주던 같은 방 윤희 아주머니의 걱정을 들으며 관순은 아픔을 겨우 참았습니다.
"햇볕만 제대로 들었어도 상처가 이렇게까지 곪지는 않았을 텐데 햇볕이 안 드니 잘 안 낫는구나."
"창약이 있어야 해요."
옆에서 듣고 있던 순영 언니가 말했습니다. 서울에서 간호보조를 했다는 순영 언니는 의사의 처방을 기억하고 있었습니다.

창약은 페니실린 가루를 뜻하는데 아물지 않은 상처에 뿌려두면 소독이 되면서 낫게 주었습니다.

"배식계에 부탁해보자."

윤희 아주머니는 죄수들에게 식사를 나눠주는 여죄수에게 창약을 구해달라고 부탁하며 돈을 건네 주었습니다. 며칠 지나지 않아 배식구로 헝겊에 싸인 창약이 왔어요. 윤희 아주머니와 순영 언니는 몹시 기뻐하며 관순의 상처에 창약을 뿌려주었습니다. 창약을 뿌린 관순의 가슴 상처가 하루하루 나아가는 걸 보면서 관순은 아주 오랜만에 웃을 수 있었습니다.

역사 만세!

서대문형무소

서울 서대문구에는 '서대문형무소'가 있습니다. 과거 일본이 조선인 독립운동가들을 잡아 가둔 곳이에요. 이곳에는 독립운동을 하다 잡혀 온 사람이 3,000명을 넘었다고 합니다.

이곳에 갇힌 사람들은 날마다 때리고 가두는 고문을 받았고 형편없는 식사를 먹었습니다. 그래서 많은 분이 견디지 못하고 세상을 떠났어요.

망루 : 재소자들의 탈옥을 막고 움직이는 모습을 감시하기 위해 설치된 시설이에요.

서대문형무소 정문

고문은 사람의 몸을 고통스럽게 하는 것으로, 서대문형무소에서는 과거 고춧가루를 탄 물을 먹이고, 못이 가득 박힌 상자에 사람을 가둔 다음 흔들고, 거꾸로 매달아 머리를 물에 넣는 등 고문이 다양하게 이루어졌습니다.

지금도 서대문형무소 역사관에는 그 흔적이 남아 있어요. 고문받는 장면을 모형으로 재현해 놓기도 했고요.

서대문형무소는 견학이 가능한데 당시 독립운동가들이 입던 옷과 자던 방 등을 모두 볼 수 있어요. 그리고 초등학생들을 대상으로 체험학습과 해설사 선생님과 함께하는 해설 견학도 할 수 있답니다.

다시 한번 만세를 부르자

"다음 달 1일이면 3.1운동이 일어난 지 1년이 돼요. 우리 그 날만이라도 실컷 '대한 독립 만세'를 외쳐보는 거 어때요?"

가슴팍 상처가 서서히 나아 고름이 멎자 관순은 봄이 오기만을 기다렸습니다. 3.1운동의 첫 생일을 기다린 거예요. 서대문형무소의 추위와 습기가 심하기는 하지만 대한 독립 만세를 부르면 형무소도 따뜻해질 것 같았습니다. 그리고 주변 지역 사람들이 그 소리를 듣는다면 독립의 꿈을 계속 키울 수 있다고 생각했고요.

"우리 방만 만세를 부른다고 무슨 의미가 있을까?"

순영 언니가 말했습니다.

"서대문형무소 수감자들 전체가 외쳐야 해요."

"아니, 그게 가능한 일이야?"

"방법이 있어요. 벽을 쳐서 신호를 보내는 거예요."

관순은 직접 벽을 쳐 보였습니다. 옆방에서도 벽 치는 소리를 들었는지 잠시 후에 답을 하듯 벽을 쳐서 소리를 냈습니다. 간수 몰래 감방 벽을 딱딱 두드려서 미리 정해놓은 암호로 소식을 주고받는 것은 서대문형무소에 먼저 있던 독립운동가들이 생각해낸 방법이었습니다. 관순은 3월 1일에 함께 만세를 부르자는 내용을 방에서 방으로 전달하자고 의견을 냈습니다.

"안 돼, 간수들(감옥에 갇힌 죄수를 감시하는 사람) 눈을 피해서 전달하기가 쉽지 않을 거야."

"방법이 있어요. 배식계 아주머니께 부탁하면 돼요."

관순은 자신에게 창약을 구해주었던 배식계 아주머니에게

이번 일도 부탁할 수 있다고 생각했습니다.

"배식계 아주머니가 하실까? 만세를 부르고 나면 또 간수들이 누가 먼저 시작했는지 찾으려고 조사할 거고 그럼 가장 먼저 배식계 아주머니를 잡아갈 거야."

사람을 때리고 물에 빠트리고 고춧가루 탄 물을 먹이고, 손톱을 빼는 고문! 서대문형무소의 고문은 유명했습니다. 더러는 죽기도 했거든요. 배식계 아주머니가 이야기를 전달하는 것은 그 고문을 각오하는 것이었습니다. 그래서 쉽게 도와달라 말할 수가 없었어요.

"그럼 그 모든 사정을 알리고 할지 말지는 아주머니가 선택하도록 하면 어떨까요? 아주머니도 독립운동을 하고 싶을 수 있잖아요."

"과연 그럴까?"

관순의 말에 같은 방 사람들은 고개를 갸우뚱했습니다. 아주머니에게 부담을 줄 거라고만 생각했지 같이하고 싶어 할 수도 있다는 생각은 해본 적이 없었거든요.

　배식계 아주머니에게 돌아오는 3월 1일에 대대적인 만세운동을 할 거라고 쪽지를 보냈습니다. 관순은 쪽지에 만세운동에 감방 전체가 나설 수 있도록 아주머니가 도와달라고 부탁했습니다. 또 혹시라도 일이 잘못되면 아주머니가 고문을 당할 수도 있다고 알렸고요. 하지만 이틀 사흘이 지나도 아주머니는 아무런 답이 없었습니다. 같은 방 사람들 모두 이제 잊어버리자고 말했지요.

오 일째 되던 날이었습니다. 배식구 밖으로 아주머니의 주먹 쥔 손이 보였습니다. 그것은 '알겠다, 그렇게 하겠다'는 아주머니만의 표현이었어요. 관순은 너무 기뻐 눈에 눈물이 맺혔습니다.

3월 1일, 점심 배식이 이루어진 다음 관순은 철창 가까이에 입을 대고 목이 터져라 외쳤습니다.

"대한 독립 만세! 대한 독립 만세! 대한 독립 만세!"

관순의 목소리가 복도 가득 쩌렁쩌렁 울려 퍼졌습니다. 뒤이어 방마다 만세 소리가 함께 울렸습니다.

"대한 독립 만세! 대한 독립 만세! 대한 독립 만세!"

서대문형무소 전체가 만세 소리로 가득 찼습니다. 방마다, 복도마다, 사람 사이마다 만세 소리가 가득 가득했습니다. 갑자기 시작된 만세운동에 놀란 간수들은 철문을 두드리며 그만하라고 외쳤습니다. 하지만 소리는 점점 더 커질 뿐 좀처럼 작아지지 않았어요. 이날 서대문형무소의 만세 소리가 얼마나 컸던지 주변 지역에서도 형무소에서 들려오는 만세 소리에 답하듯 '대한 독립 만세'를 외치는 사람들이 있을 정도였습니다.

대한독립만세!

'철커덩.'

"유관순! 너지?"

간수 하나가 관순의 방 철문을 열고 관순을 무작정 복도로 끌고 나왔습니다. 그러더니 마구 발로 차고 때렸어요.

관순이 아픔을 참고 있는 동안 만세 소리는 점점 작아졌고 방마다 철문을 두드리는 소리가 들려 왔습니다. 관순이 두들겨 맞는 것을 알게 된 사람들이 철문을 두드리며 항의하는 것이었습니다.

"그만해요. 그만해! 죽이려고 작정을 했습니까?"

윤희 아주머니가 소리를 질렀습니다. 얼마나 심하게 맞았던지 관순은 정신을 잃고 말았습니다. 간수 두 명은 기절한 관순을 끌고 가 지하 독방에 가두었어요.

대한 독립의 불씨가 되어

"모두 내가 시작한 일이다. 다른 사람은 조사하지 말아라."

관순은 감옥 안 만세운동이 모두 자기 책임이라고 했습니다. 형사들은 그런 관순을 달래기도 하고 윽박지르기도 하면서 같이 일을 계획한 사람을 말하라고 했어요. 그리고 관순을 때리고 뾰족한 것으로 찌르는 고문도 했습니다.

하지만 관순은 아무리 고문을 당해도 이렇게 말할 뿐이었습니다.

"내 손톱이 빠지고 내 코와 귀가 잘리고 내 손과 다리가 부러져도 괜찮지만 나라를 잃어버린 고통만은 견딜 수가 없다. 나는 나라를 위해 쓸 목숨이 하나인 게 안타까울 뿐이다."

결국 고문 형사조차도 포기한 관순이 방으로 돌아왔을 때는 이미 병이 깊어져 있었습니다. 같은 방 사람들은 관순을 보고 너무 가엾어서 눈물을 줄줄 흘렸어요. 여러 군데가 다친 관순은 그날 이후 계속 누워 지냈습니다.

"관순아, 어서 일어나야지. 이거라도 한 숟가락 먹어봐."

숟가락을 들이미는 윤희 아주머니의 정성에 관순은 입을 벌려보았지만 먹을 수가 없었습니다.

"얼른 일어나서 조선이 독립하는 걸 봐야지?"

"네, 그럴 거예요. 조선이 독립하는 걸 반드시 제 눈으로 볼 거예요."

하지만 관순의 병은 깊어지고 있었습니다.

1920년 4월, 고종의 아들 영친왕과 일본 황족 이방자의 결혼

식을 이유로 조선에서는 감옥에 갇힌 사람들이 많이 풀려났습니다. 그때 500여 명의 죄수가 풀려났지만 관순은 나오지 못했어요.

그 사이 감옥에서 나온 관순의 오빠 우석이 이화학당 학장과 함께 관순을 풀어달라고 요구하고 나섰습니다. 또 윤희 아주머니도 감옥에서 나와 관순의 소식을 이화학당에 알리며 관순을 풀어주라는 목소리는 더 커졌어요.

관순의 가족과 친구들은 감옥에 가서 관순을 만나고 싶어 했어요. 하지만 관순은 면회에 나갈 수 없을 정도로 아팠습니다. 감옥에서는 관순의 위독한 상태를 확인하고는 드디어 풀어 주기로 결정했어요. 친구들은 몹시 기뻐하며 관순이 나오면 줄 선물을 사고 환영식을 준비했습니다.

석방을 이틀 앞둔 날, 관순은 꿈을 꾸었습니다. 그곳에서 아버지를 만났어요.

"천당은 어떤가요? 먹을 것도 많고 예쁜 옷도 많지요?"

"그럼, 천당은 아무도 굶지 않고 편안하단다."

"일본인도 없지요?"

"당연하지. 우릴 괴롭히는 사람은 한 놈도 없다. 이곳은 자유롭다."

"으하하하, 얼른 천당에 가고 싶다."

"실없는 녀석…… 어서 자고 빨리 나아라."

아버지가 보였습니다. 그리고 옆에는 사랑하는 어머니도 계셨습니다. 두 분 모두 예전 그대로예요. 관순도 이제 더 이상 아프지도 배가 고프지도 않습니다.

관순은 그렇게 하늘로 가서 아버지와 어머니를 만났습니다.

석방을 이틀 앞두고 관순은 세상을 떠났습니다. 고문을 받으며 많이 다쳤고, 치료를 받지 못한 것이 원인이었어요. 그때 관순은 19세였습니다.

가족들과 친구들은 유관순의 소박한 장례식을 마련했어요. 하지만 일본은 장례식장까지 형사를 보내 일일이 감시했습니다. 관순의 죽음으로 독립운동이 세질까 봐 걱정되었거든요.

　친구들은 비단으로 관순의 옷을 새로 지어 입히고 태극기를 몰래 덮어 주었습니다. 그리고 서울 이태원 공동묘지에 묻어 주었습니다. 일본은 비석을 세우지 못하게 했고 표시도 하지 못하게 했어요. 그리고 얼마 후, 그 공동묘지는 일본군 묘지로 바뀌었고 유관순의 무덤은 영영 찾을 수 없게 되었습니다.

　관순이 세상을 떠난 지 15년만인 1945년 8월 15일, 유관순이 그토록 바라던 독립이 이루어졌습니다. 독립된 나라에서 자유롭게 살아가는 우리를 보면 관순은 뭐라고 말할까요? 자신이 바라던 천국의 모습이 이와 가깝다고 하지 않을까요?

어린 나이에 나라를 위해 온 힘을 바친 유관순 열사의 '표준 영정'이에요.
'표준 영정'이란 나라에서 공식적으로 쓰는 돌아가신 분의 모습입니다.

역사 만세!

**유관순이 세상을 떠난 후,
가족들과 친구들은 어떻게 살았을까요?**

사촌 언니 유예도

관순의 사촌 언니이자 독립운동가인 유예도는 관순이 형무소로 끌려가던 날 다행히 친척의 도움으로 도망갈 수 있었어요. 그리고 조

이화학당 시절, 유관순과 유예도입니다. 윗줄 맨 오른쪽이 유관순, 윗줄 왼쪽에서 두 번째가 유예도예요. 가운데 선생님은 박인덕입니다.

선이 독립될 때까지 옮겨 다니며 숨어 지냈습니다. 순사들이 유예도를 찾아다녔거든요.

그러다 유예도는 결혼해서 아들 한필동을 낳습니다. 한필동은 자라 광복군이 되었는데 독립운동가 백범 김구 선생의 경호원으로 활동하기도 했어요. 이처럼 유예도는 자신과 아들까지 모두 독립운동에 헌신한 삶을 살았습니다.

백범 김구

유예도는 독립운동의 공을 인정받아 1977년 대통령 표창을, 1990년에 건국 훈장 애족장을 받았어요.

친구이자 동지, 남동순

남동순은 유관순의 친구로 지령리 마을에서 함께 자라고 이화학당도 같이 다녔어요. 그리고 아우내장터에서 열린 만세 시위도 함께

했지요. 남동순도 서대문형무소에 갇혀 있다가 풀려났는데 그 후에도 독립운동가로 열심히 활동합니다.

'7인의 결사대'란 단체에서 유일한 여성으로 독립운동을 하며 중국과 몽골도 누벼요. 유관순이 세상을 떠난 다음, 남동순은 사람들에게 유관순의 생김새와 상황을 알려주는 중요한 역할을 합니다. 그래서 우리는 유관순 열사에 대해 더 자세히 알게 되었어요.

남동순은 고아원을 만들어 아이들을 돌보기도 했고 여성들에게 독립운동을 알리는 일도 해요. 그래서 2005년에 국민훈장 목련장을 받습니다.

유관순의 생애

1902 — 12월 16일 충남 천안에서 태어났어요. 5남매 중에 둘째 딸이에요.

1914 — 충청도 공주 영명학교에 입학해요. 앨리스 샤프 선교사가 만든 학교예요.

1916 — 이화학당 보통과 3학년에 장학생으로 들어가요.

1918 — 이화학당 보통과를 졸업하고 고등과에 입학해요.

1919 — 3·1운동에 참여했고 체포당해요. 상고 끝에 3년 형을 받아요.

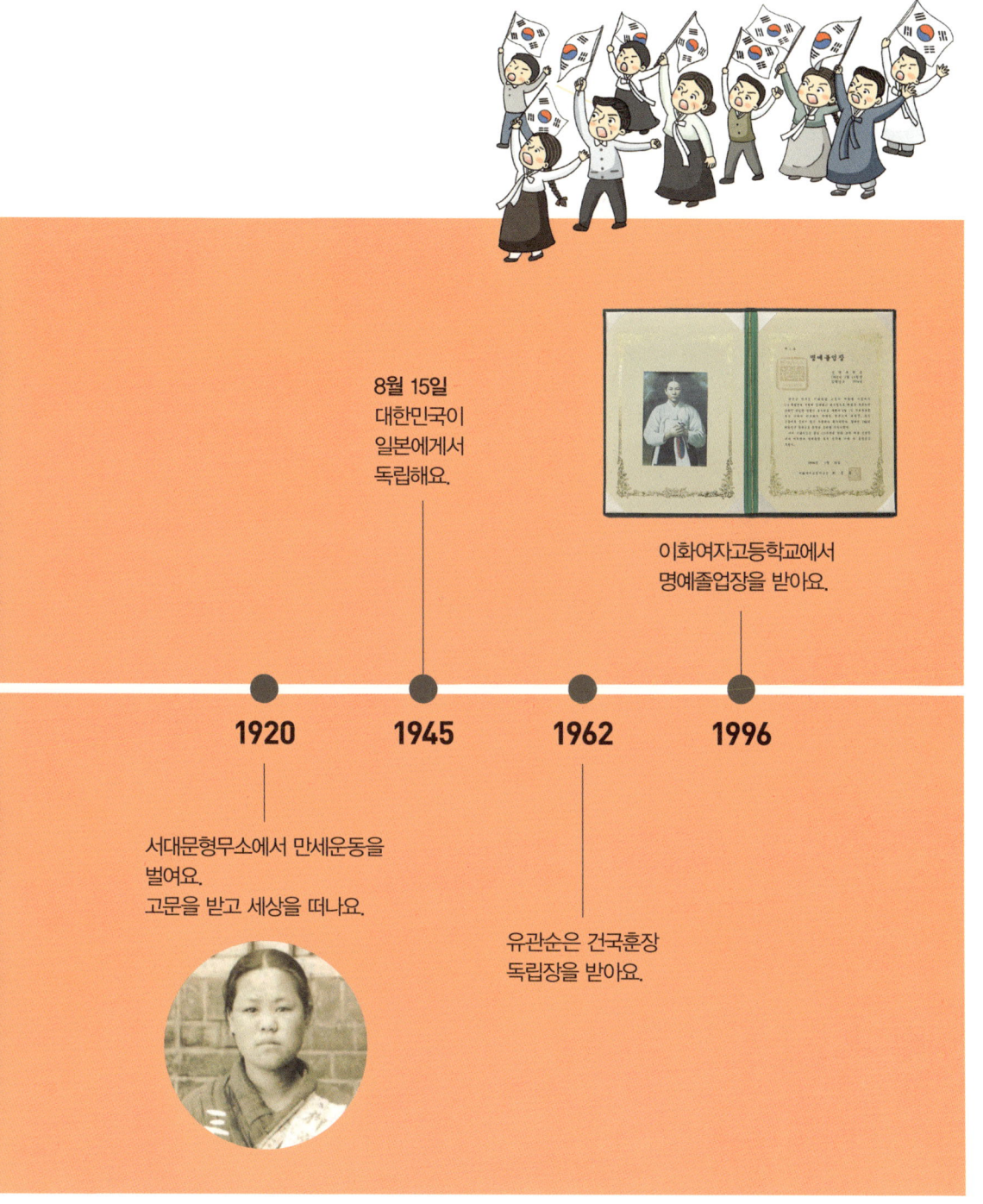